Bin 30	
Bin 31	
Bin 32	
Bin 33	
Bin 34	
Bin 35	
Bin 36	

(BOOKS / LIBROS) T

(PAGES / PAGINAS)

SHIFT:____

Bibliografische Information der Deutschen Bibliothek

Die Deutsche Bibliothek verzeichnet diese Publikation in der Deutschen Nationalbibliografie; detaillierte bibliografische Daten sind im Internet unter http://dnb.ddb.de abrufbar.

Umschlaggestaltung: Weiß/Zembsch/Partner,
Werkstatt/München unter Verwendung eines
Motivs von mauritius images
Produktion: Inga Tomalla
Satz: EDV-Fotosatz Huber/Verlagsservice
G. Pfeifer, Germering
Printed in China

ISBN: 978-3-7205-6030-6

Als Botschafter und Helfer Gottes haben Engel in der Unendlichkeit der himmlischen Sphären ihr Zuhause. Dennoch stehen sie uns auch auf Erden zur Seite und unterstützen uns im alltäglichen Leben. Wann immer wir Beistand, Trost oder Inspiration benötigen – die Engel sind für uns da und ihre kosmischen Kräfte beflügeln uns bei all unseren Entscheidungen.

Die 32 Engelsbotschaften möchten Ihnen helfen, mit Ihrem persönlichen Schutzengel in Kontakt zu treten. Lesen Sie die Sprüche in einem ruhigen Moment der Entspannung, nehmen Sie sich Zeit und lassen Sie sich von ihnen dazu anregen, Ihrem Geist Flügel zu verleihen. Natürlich können Sie auch selbst ein Engel sein, indem Sie die Kärtchen weiterverschenken.

Auf folgende Weise können die 32 Botschaften der Engel Ihren Alltag auf spirituelle Weise bereichern:

- Wählen Sie für jeden Tag eine der Karten aus und legen Sie so Ihr Tagesmotto fest.
- Befragen Sie die Karten, wenn ein bestimmtes Problem Sie beschäftigt. Ziehen Sie spontan eine der Botschaften und versuchen Sie, sie auf die Situation anzuwenden.

Von jeher sind die Engel den Menschen Inspirationsquelle, sie spenden uns Kraft und bieten uns ihren Schutz und Unterstützung an. Auch Sie haben einen himmlischen Begleiter, der Ihnen Tag für Tag zur Seite steht. Ob Sie sich dabei lieber ein schimmerndes Lichtwesen oder einen geflügelten Boten vorstellen, bleibt ihrer Fantasie überlassen.

In dir ruhen erstaunliche Fähigkeiten. Habe den Mut, sie zu entdecken und die kosmischen Kräfte werden dir helfen, dich deiner Talente zu bedienen.

Nur wenn du gibst,
ohne eine Gegenleistung zu erwarten,
wirst du auch zahlreich
nehmen können.

Der Mensch ist oft blind
und urteilt zu früh. Öffne dein Herz
für das Wesentliche und du wirst
der Wahrheit begegnen.

Wenn du in dir ruhst,
strahlen Friede und Harmonie auch
auf deine Mitmenschen ab.

Auch jeder Fehler,
den du begehst, ist wertvoll, denn
bewusst wahrgenommen, trägt er doch
schließlich zur Vervollkommnung
deines Wesens bei.

Lass dich von der Liebe leiten.
Handle rücksichtsvoll und gütig,
nimm dich dabei aber
nie vollends zurück.

An jedem Tag, den wir leben,
nehmen wir die Welt in uns auf und
geben sie, ein Stück von uns geformt,
wieder nach außen – Atemzug
für Atemzug.

Vertraue deiner Fähigkeit,
intuitiv zu erfassen, dass das,
was du aus ehrlichem Antrieb
heraus tust, richtig ist.

Das Universum wird dir nicht jeden Wunsch erfüllen. Aber wenn du dir selbst aufmerksam zuhörst, wird dir bewusst werden, wonach dein Innerstes tatsächlich verlangt.

Dein Engel lenkt dich zu originellen Gedanken und fantasievollen Träumen und ermöglicht es dir so, deinen Geist weiter zu entfalten.

Auch wenn dir dein Leben im Augenblick unbeständig, unbefriedigend oder monoton erscheint, nimm es an und stell dich seinen Herausforderungen.

Schärfe deine Sinne für die Welten, die dich umgeben und dir wird klar werden, dass das Glück in den verschiedensten Formen zu dir kommt.

Auch wenn dir nicht
sogleich Flügel wachsen, streife die
Zwänge ab, die du dir auferlegt hast
und löse dich von allen Nichtigkeiten.

Wenn du die Gegenwart
eines Engels spürst, wirst du sehen,
dass dein Leben voller Inspiration
und Freude ist.

Konzentriere dich stets auf das, was du gerade tust. Nur dann kannst du die Gegenwart wirklich genießen!

Mach dir die kosmischen Energien zu Nutze. Drücke deine Kreativität in jeder Arbeit, die du erledigst und bei allen Unternehmungen, die du planst, aus.

Schnelle Wunder wirst du von deinem himmlischen Begleiter vergeblich fordern, aber wenn du ihn darum bittest, verleiht er dir jederzeit die Energie und Stärke, mit allen Problemen fertig zu werden.

Die Frage ist nicht,
was das Leben bereit ist dir zu
gewähren, sondern vielmehr,
was du ihm geben kannst.

Lass dich von deinem Engel
mit originellem Denken und Durch-
haltevermögen beschenken und beruf-
licher Erfolg wird nicht lange auf
sich warten lassen.

Fürchte dich nicht davor,
hin und wieder zu scheitern.
Nimm dies als Chance für deine
spirituelle Verfeinerung wahr.

Wenn du hinauf zu den Sternen blickst und bezweifelst, dass deine Hoffnungen und Träume von Belang sind, dann bedenke, dein Schicksal ereignet sich hier auf Erden.

Vergeude deine Kraft nicht,
indem du materiellen Besitztümern
nachjagst; strebe stattdessen nach
einem gesunden Körper und einer
ausgeglichenen Seele.

Als dein ständiger Begleiter sucht dein Engel dir kluge Besonnenheit und liebevolle Gedanken zu vermitteln, damit du die alltäglichen Widrigkeiten mühelos meistern kannst.

Dein Schutzengel verkörpert Glück und Zufriedenheit. Er hilft dir dabei, die einzigartige Unergründlichkeit des Universums gelassen auf dich zu nehmen.

Verschließe dich nicht vor Veränderungen. Gerade sie verschaffen dir ein erfülltes Leben und tragen dazu bei, dass du deine Zeit auf Erden genießen kannst.

In jeder noch so aussichtslos scheinenden Situation steht dir dein Engel zur Seite und spendet dir Trost.

Dein Schutzengel hat kein Interesse daran, dieses oder jenes Urteil über dich zu fällen. Wirklich wichtig ist es ihm, dich mit seiner Liebe zu beschenken.

Bedenke, dass alles,
was du aussendest, zu dir
zurückkehrt. Also lächle
auch grundlos!

Dein innerstes Selbst kannst du nur erkennen, wenn du dir vertraust. Mach dich leicht und fliege!

Öffne deinen Geist und dein Herz für das Hier und Jetzt. Konzentriere dich auf den Augenblick und die Momente der Erkenntnis werden sich vervielfältigen.